Klaus Mühlen

Gedächtnis
des Ichs

Erzählung

Erinnerungen

in

Gedanken

Gewissen

Verstand

Asperg Taschenbuch
Juni 2025

Einheitsaufnahme:
Ein Titeldatensatz für diese Publikation
ist bei der
Deutschen Nationalbibliothek erhältlich

Pflichtexemplar: Württ. Landesbibliothek, Stuttgart

Vorlage beim Deutschen Literaturarchiv Marbach

KWkmuellener@t-online.de
Klaus Mühlen

Foto: Christel Tjoa

Erstaunlich, diese Stimme, die er vernimmt! Gleichmäßig, wiederkehrend. Ein monotones „Klopfen“ dazu.

„Wer bist du? Ich habe dich nicht gerufen. Schlappst einfach zu mir her. Was führt dich hierzu?“

Eine Stimme, deren Monotonie ihn beunruhigt. Seine eigene Stimme vernimmt er. Nicht selbst inszeniert. Aus seinem Gewissen zu sich selbst gewandt, kommt es ihm vor, von allen Gedanken des Tages entrückt. Unbekannt, alles um ihn herum, nichts, was er definieren kann.

Diese Stimme, seine eigene, hört er, die sich ihm in den Weg stellt, ihm entgegen der Wirklichkeit.

Erstaunt schaut er sich um. Zu erkennen nur unendliche Weite. Ohne ein Ende, wie er sich auch um sich dreht.

Ein Raum? Nein! Wohin er schaut, kein Himmel über ihn, keine Landschaft um sich herum. Kein Anfang - kein Ende erkennbar.

„Dazu fehlt ihm die Gewissheit. Wie wohl -

darauf er eingehen soll? Soll dass das Tor zur Unendlichkeit des Lebens sein? Kann doch nicht sein? Welche Lebenszeit?“
Seine Gedanken verwirrt im Kopf uneins. Vernebelt von dem wirklichen Geschehen entfernt. Eine Seelenwanderung ohne Verstand? Kann es sein - er?
Im Strudel eines Traums, der Körperlichkeit entrissen? So scheint es ihm, alles unwirklich. Im Landeanflug zwischen Leben und Tod? Doch er schwebt nicht, steht kerzengerade. Traumatisiert? „Nein“, meint er zu sich selbst. Empfindet das Sein aus seinen Gedanken heraus, aus seiner Seele sei es wohl, die nah ihm erschien. Aber körperlos? Sein Gewissen sicherlich.
Wieder diese Stimme: „Was führt dich zu mir?“
Sein Ich, überzeugt davon, hat er bis dahin beherrscht, dem täglichen Leben angepasst, den Erfordernissen gerecht. Ja! Laufen, Gehen, Sprechen. Weder das eine noch das andere empfindet er in diesem Moment, doch eben ohne sich selbst

sein zu können. An einem Ort, der ihm unbekannt ist, verweilt er, fern von seinen Gedanken beeinflusst, dirigiert. Er besinnt sich, dass er mal las, dass die Seele dargestellt, körperlos sei. Oder ist? Was nun? Aber immerhin ist er es, mit seinem Gewissen, das, was passiert, empfinden.
„Aber was hat ihn dazu bewegt, jetzt hier zu sein?“ Auf jeden Fall wohl aus seinen Gedanken heraus geformt. Eins zu Eins Vorstellungen der Erlebniswelt entnommen. Aus früheren Zeiten?
Dann zum dritten Mal die Stimme: „Was führt dich zu mir?“
Was soll er darauf antworten? Hier in dieser Umgebung. Unwohl fühlt es sich, er müsse sich doch erst zurechtfinden. Wie hergekommen überhaupt? Darüber möchte er erst mal eine Erklärung finden - haben, sicher, sich selbst zu sich.Die Gedanken rotieren. Er besinnt sich.
Seine Gemahlin hat den Abendbrottisch gedeckt, sie essen miteinander und, wie gewohnt, geht danach jeder dem, was ihm genehm schien, nach. Beide im Wohnzim-

mer. Sie strickt weiter an ihrer Tagesbettdecke. Schon vor Monaten während einer Reha angefangen, und er sitzt im Ohrensessel, liest die Zeitung und sieht und hört halb nebenbei die Nachrichten aus dem Fernseher. Wirr nicht nur die Sprache, in der die Welt sich in Bildern darstellt, von ihm bedacht keines mit Vernunft gesehen. Von Demagogen aufgewiegelt vieles zum Selbstzweck. Machenschaften, die das Volk austricksten, um sich mit Lug und Trug an die Macht zu putschen.

Dabei muss er eingeschlafen sein. Seine Erinnerung, Gott sei Dank, noch da. Und nun soll er Rede und Antwort gestehen zu der Frage: „Was führt dich zu mir?"

Was soll er antworten? Lügen wolle er nicht. Als gläubiger Mensch bekannte er sich mit der Taufe zum christlichen Glauben. Ein schlechtes Gewissen hat er jetzt aber trotzdem, denn so interpretierte er: Seit der Konfirmation, schon lange her, hatte er wenig in der Bibel gelesen. Fast gar nicht. Geblättert ja. Ehrlich! Vor kurzem erst wieder in die Hand genommen.

Muss er sich nun dafür entschuldigen? Die Schrift ist winzig und nur mit einer starken Brille lesbar, entschuldigt er sich insgeheim. Das war der Tag davor, abends, vor dem ins Bett steigen. Als ob er es geahnt hätte. So könnte es entschuldbar sein! Dem folgend er umklammert jetzt.

Fragen, die immer wieder in ihm aufkommen. Noch konnte er es bis dahin nicht verstehen, immer wieder in einer nachdenklichen Umgebung zu sein und die Stimme, seine eigene, zu hören? Im Dialog! Direkt vor ihm. Er wolle nichts leugnen, wenn überhaupt in einer Antwort.

Aber wie oft schon bat er, zu Gott gewandt, er möge den Menschen Vernunft einflössen und auf Wegen aus Zwistigkeiten, Kriegen, mit Tod von Menschen und Zerstörungen herausführen. Einen Stopp auferlegen, wenigstens. Beseelt mit Vernunft. Toleranz wäre noch besser.

„Jetzt!“, zu sich. „Will man mit ihm darüber sprechen?“ Er stellt sich selbst erst mal in Frage. Gefasst auf sich, Antworten, die er geben muss.

Feigheit ein wenig dabei. Überlegen wolle er trotzdem, voraus denken. Mehr aus ihm heraus erklären. Welche Frage auch, von der oberflächlichen Anmeldung weg nun kommen können, gewappnet.

Ausgebremst?

„Wenn du meine Seele bist, dann nimm doch einfach meine Gedanken als Antwort!“

Doch wo soll sie ansetzen? Die Seele findet keinen Zugang zu den Gedanken.

Indem er hadert, was im Menschsein nicht außergewöhnlich ist.

„Allen Widerlichkeiten Vernunft beibringen? Dazu reicht zwar mein Wille, jedoch nicht für den Eigensinn, der in meiner Vielfalt sich immer Neues ausdenkt im Haben und Wollen. Glaube selbst und meine, dass ich von allem, was geschieht, nicht informiert sein kann. Meine Bedürfnisspur ist schmal.“

Anmaßend oft denkt er, muss auch ich zugeben, und zeigt dabei auf sich. Das ist ihm klar: „In Selbsterkenntnis bin ich nicht anders.“

Sein Gewissen möchte vorn dran sein, doch was sagt die Seele in ihm? Zu dem, was bisher geschah und wird vielleicht noch? Vorausgedacht, sagt man, im Seelenheil dann. Bereits was in seinem Gewissen behütet sein langen Jahren.
So spricht er mit seinem Denken: „Hör mir zu, ich schaue in einfache und menschlich geprägte Bilder, die können mich dann doch besser verstehen."
Die Vorstellungswelt bringt ihn zu dem Schluss, dass auch sein Wissen in der Gegenwart nicht oft verwertbar erschien. Immer mehr und in schnellen Folgen eben ständig angepasst werden muss.
Er schüttelt den Kopf. Sein Gewissen kollabiert. Er muss sehen, dass der Druck auf ihn nachlässt. Entgegenwirken der Gravitation, der Anziehung, die mit zunehmender Entfernung vom Verstand abnehmen sollte. Das gelingt ihm in dem Moment nicht. Selbst durch den Verstand bleibt die Reichweite unverändert bestehen. Belastet ihn und wieder ist es die Seele als Schmutzfänger.

„Schon mein Denken lässt das nicht zu, es zu unterdrücken, dass Fehden in mir endlich nicht mehr ausgetragen werden."
Eine kurze Pause beschlich beiden, diese Stimme und er mit ihr.
Nach einer Denkpause, seine eigene immer noch, ihm entgegen: „Die Vernunft ist eine Art des Denkens, die erlaubt, Realität zu organisieren."
Wahrheiten von den Unwahrheiten zu unterscheiden. Im Gewissen bei allen Menschen müsste das ausnahmslos gleich sein. Wobei die Vernunft selbst stets ergründet wird, bleiben sollte und nicht dem Unverstand folgen muss. Um die Moral daraus für den Verstand sich ergibt.
Hier füge ich ausnahmslos hinzu: „Jedem Menschen wiederum eigen ist", von seiner zweiten Stimme ins Ohr geflüstert. Bevor er selbst seine Stimme erheben kann.
Dem muss er widersprechen.
„Muss ich das verstehen?" Tief durchatmen erst mal. „Kriege vermeiden! An erster Stelle. Eine Welt ohne Kriege wäre doch eine gute Vorstellung? Doch Men-

schen, denen dürstet es nach Macht. Die Gründe sind vielschichtig. Allein, sich selbst in eigenen Machtdemonstrationen zu fühlen, wie Rohstoffe sich anzueignen, in die Abhängigkeit zu sich hin. Vorher Länder in Besitz nehmen. Denn die voranschreitende Technik und Digitalisierung fordern Rohstoffe, mehr, wie ein Drache unersättlich ist. Dem einfachen Volk ist es fern. Aber von Notwendigkeiten abhängig geworden bereits. Unverzichtbar sei es, ihnen präsentiert. Deswegen Kriege vom Zaun zu brechen? Unverständlich! Jeder Hahn kräht es vom Mist: Es sind die von Macht Besessenen, die in einer Kriegsdramaturgie Geld scheffeln wollen, und sich in die Vorherrschaft hineinmontieren. Erreichtes für sich erhalten zu können. Nebenbei gesagt: Dynastien aufbauen. In Angst und Schrecken etabliert bleibt das Volk, untertänig, allem folgt es der Obrigkeit, auch in Eigenliebe zu sich selbst."

Von der allumfassenden Stimme, eben auch seiner eigenen, hört er nichts mehr. Beide schweigen. Seine herausfordernden

Gedanken haben sie aber sicherlich nicht verstummen lassen. Gleichwertig, wie in der Wüste, Stille, in der beide hinein lauschen. Er mit seinem Verstand Ruhe bewahrt und sein Stimmendoppel in Gedanken. Versunken! Auf eine Fata Morgana blickend. Doch dann wird ihm von dieser Stimmer erläutert, im Widerspruch:
„Der Mensch in seiner Ausdauer, benötigt eben lange Zeit zur Erkenntnis der Unvermeidbarkeit von Krisen. Wenn, dann soll die Zeit des Wartens dazu auferlegt sein, allen, daraus aus Krisen zu lernen, mit dem Ziel für ein geistiges Wachstum."
Wenn alles so einfach wäre und denkt nach.
„Wie die Bäume, die Büsche und das Gras sprießen, eben auch nicht schneller. Wir könnten doch in der Zukunft die Schatten des Zusammenlebens hell erleuchten?"
„Also dann doch." aus den Gedanken hervor bei ihm.
„Für sündige Menschen, die den rechten Weg finden, eingeschlossen."
Darauf der Verstand: „Letztlich hat jeder -

seine Verantwortung fürs eigene Leben. In kurzer Zeit zu finden, was ihm guttut. Ich mit meinem Verstand. Du - der mich umtreibt. Vom freien Willen getragen. Wissend, was gut oder böse ist, stets auf eine Waagschale gleich ausloten."

Im Dialog die Seele mit, nun auch noch spricht: „Empfindsam und tugendhaft in seinem Gemüt."

„Am Ende eines Lebens wird das auch von jedem Menschen erkannt. Was hätte man alles besser machen können? Welche Chance hatte man denn überhaupt? Erkennen, was man hätte anrichten können. Handlungen und Chancen für sich.."

In ihm diese Gedanken im Wirbel eines Sturms. Bedrückt von allen in dem Moment, still, ihm überlassen. Nachdenklich geworden. Die Dinge auf Erden sind grotesk irreal, ständig bewegt. In einem Muss. Bedrängte von Inszenierungen, täglich im Spiegel erkennbar. Figuren bewegt, fortschreiten, in Wohlstandsformen gepresst, eitel geworden, der Wirklichkeit entrückt. Mit umwerfendem Eigensinn stets gepaart. In Sucht und Psychosen empfindsame Menschen, ausgeliefert inneren Dämonen. Aus dem Unterbewusstsein ein jeder mit Ansprüchen und eben, unabdingbar Macht zu kommen, bis ins Kleinste hinein."

„Was du so denkst, ist mein Ding nicht", spricht die Stimme seelenverwandt angepasst." Und führt nach einem Schnaufer weiter aus.

„Die Inszenierung des Lebens ist jedem einzelnen selbst überlassen. Überwachen, wer soll es? Auf die eigene Wirklichkeit nimmt das keinen Einfluss, wie schon gesagt. In Sucht und Psyche deine Gewissen weich gebettet. Gepeinigt von Gedanken, dem Gewissen entgegen und vom Verstand mit einem Quirl durcheinander gemixt. Wie man es ertragen kann. Sich aber nicht erschöpfen dabei. So viel, was und wie viel du, Anton, in der Darstellung des Konsums, ins Spannungsfeld tragen kannst. Die Wahrheit ist dramatisch. Kann sein, muss aber nicht. Es ist das, was und wie es einem begegnet. Das eigene Bewusstsein verändert stets den eigenen Verstand. Mit Kokain, möglich, gespritzt, ist der Mensch frei. Taucht ein in ein Scheinverhalten. Doch im Rausch der Wirklichkeit mal wieder entrückt."

Von Antons eigener Stimme, eben ausgeliehen, im Duell erklärt, sieht er sich in dem Moment angeprangert. Gepeinigt von seinen Gedanken, seinem Gewissen. Im Wettstreit zum Verstand hin gezogen.

„Damit ich - Seele, eigen mich überwinden kann? Die Frage. Widrigkeiten, meinst du? Eine Idylle gibt es nicht. Dass Ich der Gattung Mensch gehöre, schreckt mich bei allem zugewandt nichts zurück. Ein kühner Gedanke von mir wohl. Einem gebildeten Menschen gilt bei allem letztlich das Wort. Gequält oft hervorgebracht. Oder? Bist du da anderer Meinung? Aber nicht die Lüge, in Wahrheit umgewandelt sein sollte: Versteh mich bitte."

Seine Stimme mit seiner Seele, von Gedanken aus erlebtem geleitet, im Duell verstrickt miteinander. Ein Wirbel im Verständnis zwischen den beiden, kaum dass

ein Anfang und Ende sich abzeichnet. Breitflächig auf ausgetretene Pfade.Teils unbequem für Anton.
„Es sind deine Reden! Oft von Übel. Wie ein Hochintelligenter seinen Vorsprung nutzt. Nenne ich es Seelenwanderung."
„Da hast du recht, sich erklärt, vom Kriegshetzer zum Friedensstifter anerkannt zu werden., aller Gefühle fern.."
In Ruhe die Seele erst einmal verstummt.
Von allen trafen die Gespräche letzteres auf den eigenen Verstand von ihm, Anton. Aus Gedanken und seinem Gewissen. Sie verstanden sich ja, zusammengehörend, doch jeder aus einem anderen „Holz" geschnitzt. Und doch aus eins von vornherein gewachsen. Ihre Aufmerksamkeit richteten sie auf das Verstehen untereinander.
„Dieses zwischen mir, dem Gewissen und deinem Verstand dem Menschen eigen, ein Nebelgespinst immer wird bleiben. Von ihr geht unsere Identität aus und ist unser Bewusstsein. Nicht körperlich, aber doch unsterblich, so erklärt, auf die alle Begebenheiten zurückzuführen seien. Ja!

Über dem steht das geistig Erkennbare, begreifen und in der Lage, es umzusetzen. Natürlich in Selbstbestimmung des eigenen Willens. Weiterführend der Verstand hingegen, von Erkenntnissen aus Prinzipien und Ideen entscheidet und ausführt."

Geschehenes für ihn im durcheinander. Auf Gleise, die immer wieder von Weichen unterbrochen. Erinnerungen umgeleitet.

Beängstigend für ihn nach dem Aufwachen, aus diesen Störungen sich wieder orientieren zu können. Betroffene ratlos, mit Fragen bis hin zu einer Amnesie, einer Funktionsstörung seines Gehirns. Doch oft ist der Spuk nach einer kurzen Zeit vorbei. Zurück in sich selbst, doch festgehalten, von alle dem, ganz besonders, was ihm tief berührt und noch in seinen Erinnerungen festgehalten wird.

„Hallo!", ruft jemand. Seine werte Gemahlin ist es und rüttelt ihn am Arm. Sie ruft noch einmal, dieses Mal seinen Namen: „Anton!". Sein wahrer Name Antonius, überall genannt, aber als der Anton. Seine Reise ins Ich ist damit aber weiterhin nicht

beendet. Er wanderte weiter über eine Seelenlandschaft und schläft wieder ein. Und solle nun sofort in die Wirklichkeit wechseln? Für ihn sind es nicht die Stunden eines beginnenden Tages, die ihm jetzt die Hände reichen möchten.
„Wo bist denn du?“ Diese Frage prallt von ihm ab. In seinem Sessel, zusammen gekauert, nach unten gerutscht, prallt seine ganze Statur nach vorn auf den Boden.
„Hoppla“, nun erschrocken.
„Wo bin ich?“
„So mal wieder auf traumatisierten Reise gewesen!“ Das von seiner Gemahlin überzeugend gesagt.
Er muss sich die Antwort an sie verkneifen, aber fragt: „Wer bist denn du?“ Nun aber nicht mit den Worten: „Wer hat dich gerufen.“
„Wenn du mich schon nicht mal mehr erkennst, lass mich an deinen Träumen teilhaben.“
Ihre Worte treffen zu, denn Anton konnte seine Augen nicht öffnen. Egal, wie er seine Gedanken dazu verwendete, zurückzu-

kehren, schien er mit Verstand sich von seinen Gesprächspartnern noch nicht getrennt zu haben. Keineswegs ein Delirium, in dem er sich bewahrt. Es sicn psychische, als auch organische Faktoren die da herein spielen. Er ist immerhin über 65. Doch dem Alkohol hat er schon lange abgeschworen. Daraus kann es nicht sein. Kurzum dann doch ein Traumtänzer, von Fantasien bestückt? Bildhaft verknüpft in Erscheinungen, Vorstellungen, eine Innenwelt für sich erzeugt. Im Sinne von Fiktionen. Gegenwartsfremd, von seiner Gemahlin verstanden.
Es klingelt an der Haustür. Das ist der Moment, dass Anton endlich richtig wach wird und hochsprang. Erkannte jetzt seine Gemahlin und ruft: „Öffne!“, das im Befehlston. Was erwartete er? Wer kommt? Dann doch schon die Antwort. Ich!“, rief jemand an der Tür.
„Es ist nichts für mich bestellt“, von Anton. Gewandt zu seiner Gemahlin: „Wie auch, nicht schon wieder. Lass die Nachbarn und wir auch.“

Jammern lag ihm nicht. Bewusst jedoch, dass Schlaumeier die Wirklichkeiten so hin drehen, wie sie diese für sich auslegen können. Die in Dummheit baden, auch gesagt.

Nun fängt es bei ihm auch noch im Tagesgeschehen mit offenen Augen an. Geplagt er, denkt seine Gemahlin.

„Er kann nicht alles elegant erklären. Ich nehme Geschehnisse seiner Umwelt zu meinen Gedanken. Hin zum Verstand präge ich das Gewissen, dass ich als seelische Instanz für mich im Gleichgewicht bleibe."

Allem fern sie. Schüttelt, wie sonst dazu, nur den Kopf. Ihr ist klar, wenn die Verhältnisse abdriften, mal wieder zu hart sind, muss sie sich dagegen wehren, sonst könnte es sein, dass sich beide irgendwann über irgendwas doch untereinander feindlich entgegentreten.

„Dann lass' ich es. Verändern kann ich ihn ja doch nicht! Beachte es auch nicht, die Leute, die in Verharmlosung schwimmen und meinen, es ist nur halb so schlimm."

Sagt es leise, dreht sich um und lässt ihn allein. Er ruft ihr hinterher: „Das alte Leid-Lied zwischen uns empfinde ich.“ Wenn die Verhältnisse sich verhärten, müssen wir uns doch wehren“

Ein Schluckauf unterbricht kurz seine Worte.

„Erst mal zusammensetzen und die ‚Schweißnaht“ erneuern.“ Wobei er sicherlich meint, sich fester aneinander ketteln.

Aber dazu hat sie kein Verständnis. Sie hat sich in Gottes Glauben, zu christlichen Inhalten bekannt. Danach ihr Leben mit ihm führen zu wollen. Wenn Wetter auch die Stimmung trüben, üben im Glauben und Geduld. Bei ihm bleiben.

In dieser Stille krachte Blech aufeinander, Fahrzeugteile fliegen durch die Luft. Stille danach unerklärbar. Hilferufe da hinein.

Wieder klingelt es, Sturm. Kräftiges Klopfen an der Haustür. Energisch dann auch noch mit den Füßen gegen das Holz.

„Bitte helfen!“, ein markerschütternder Ruf! Ein flehender Schrei. Die Ruhe dahin, in dem Gefühl der eigenen Angst in ihm.

Anton eilt doch zur Tür, stolpert über den Teppich. Flieg der Länge nach hin. Rappelt sich auf und weiter zur Tür. Reist diese auf. Will in dem Moment sich der Belästigung erwehren. Doch seine Gedanken auszusprechen, kommt er nicht.
In dem Moment fällt ihm eine junge Frau in die Arme. Klammert sich an ihn. Das Gesicht blutüberströmt. Er greift ihr von vorn unter die Arme und zieht sie halb aufrecht ins Haus. Zwischenzeitlich hängen ihre Arme schlaf herab. Sie scheint ohnmächtig, sein Gedanke. Geschlossen sind die Augen. Seine Gemahlin eilt schnaufend herbei.
Im Keller war sie und hält in der rechten Hand eine mit Milch gefüllte Flasche. Diese entgleitet ihr beim Anblick, was Anton anstellt. Der dreht die Frau in Seitenlage.
„Bring mir Wasser und ein Handtuch, und ruf die Rettung."
Nun weiß sie nicht, was zuerst wichtig ist, machen soll: Die Milch auf dem Boden aufwischen oder Antons befehlende Art nachkommen?

Es sind nicht die Worte von ihm, aus seiner Gestik mehr entnommen. Von draußen hört sie ein Stimmengewirr.
Rauch steigt auf und es wird laut gerufen: „Feuer, das Auto brennt.“ Wie befohlen von Anton, war sie schnell zurück. Dem Wunsch erst mal zu folgen, dass er das Blut aus dem Gesicht und von den verklebten Augen des menschlichen Körpers waschen könne. Die Rettung ist schnell verständigt.
Ein tiefer Seufzer schlägt Anton entgegen und ein Augenpaar, blaugrau im Licht der Sonne von draußen, schaut ihm an. Er möchte als Nächstes, das anwenden, was er einst im Erste-Hilfe-Schnellkurs gelernt hatte. Er ließ davon ab.
Zwei Sanitäter rennen bereits ins Haus. Anton wird energisch aufgefordert, zur Seite zu gehen. Seine Gemahlin hat sich auf dem Sessel niedergelassen, auf dem er vorher saß.
„Die Verletzte ist ansprechbar. Wir nehmen sie mit ins Hospiz“, hören beide. Ein dritter Sanitäter kommt herein, mit einer

Trage zum Abtransport der Verletzten. Schneller noch als sie hereinkamen, verschwanden sie.
Verdutzt schauen Anton und Frau.
Draußen, Polizei und Feuerwehr im Einsatz. Zwei Autos sind frontal aufeinandergeprallt. Wie und wodurch? In Unachtsamkeit? Die Feuerwehr hat den Brand an dem brennenden Pkw schnell gelöscht. Die Polizei beschäftigt sich mit dem, wer als Zeug aussagen könnte. Dies zum Unfallhergang ausgefragt, die noch draußen herumstehen.
Vom zweiten Pkw kein Fahrer? Flucht oder im Psychose-Trauma weggelaufen? Was denn nun?
Auch von Anton wollen die Polizisten seine Wahrnehmung erfahren.
Wobei ebenso seine Gemahlin einbezogen wird. Überrascht sie, überhaupt, was sie zu Protokoll geben solle. Zu dem Zeitpunkt des Unfalls sei sie doch im Keller gewesen.
Draußen auf der Straße ein Gerumpelt und Gezerre, Blech auf Blech, das ausein-

andergezogen wird, aufgeladen und weggefahren von einer Entsorgungsfirma. Abgeschleppt das noch einigermaßen intakte Fahrzeug. Wohin? „Totalschaden ohnehin“, meinen die Umstehenden. So wie der Spuk entstand, war er auch wieder vergangen. Informiert noch in der Tagespresse am nächsten Tag in Wort und Schrift, mit Bild. Aber nicht aus dem Gedächtnis von Anton. Er flucht über das Ärgernis, obwohl er sich nicht nah fand.

Sein Verstand: „Er müsse sich keine Gedanken machen. Aber doch bohrte es in seinem Gewissen.“

Er hatte sich arrangiert, zwangsweise die richtige Entscheidung wohl getroffen. Was für ihn vorstellbar, was hätte er denn sonst machen sollen? Verstandesmäßig sinnvoll gehandelt hat er.

Ein paar Blutstropfen hatten sich auf seine Kleidung verirrt. Seine Schuhe, als seien sie mit Rote-Beete besudelt. Die Wäsche legte er gleich in kaltes Wasser ein, bevor er sie in die Waschmaschine tut. Doch die Schuhe bleiben verdreckt. Wie er auch schrubbt. Verblasst bleibt das geronnene Blut darauf zurück. Aufzufrischen womit? Er lässt es letztendlich auf sich beruhen, so das die Schuhe immerhin noch im Matschwetter verwendbar,er entschieden hat. Erklärt es auch so seiner Gemahlin. Versucht es ihr dabei klar darzustellen, dass er ein schlechtes Gewissen habe. Seine Deutung ist schwierig, für sie, doch im Verständnis ihm zugewandt in Erinnerung von früher, in die er durch das Erlebnis stürzt.

Er kann stets alles bewahren und wieder hervorholen, was sich in Gedanken bei ihm einnistet. Bildern aus der Realität umgewandelt ins Gewissen aufgenommen, in Seelen-Fotos „digital" gespeichert. Erinnerungen, die er ständig ins Unbewusste versucht zu verdrängen. Vergessen, sondern entfernt von der Realität schon auszuradieren.

In Vorstellungen bedacht. eine Sprache zu finden dazu. Er hat sich damit abgefunden, über Geschehnisse sich erklären zu müssen. Ständig im Dialog, sind sie da.

Gedanken, die gewissenhaft handeln ohne Worte.
Eben, Anton auf seine Art. Für ein Erklärungsbedürfnis nicht bereit, schüttelt er den Kopf. Seiner Gemahlin erklärt dann, wenn überhaupt möglich, und überhaupt erkennbar, was er meint.
In Unruhe und Anspannung belastet. Ihn drängt es nach draußen. Zieht sich andere Klamotten an und geht spazieren. Überschüttet von dem Erlebnis, das seinen Verstand wieder mal ruhelos macht.
Nach den letzten Häusern des Ortes steigt er die Anhöhe hinauf. Abseits der Straße, dem Wald zu. Schnurstracks nicht aufschauend.
Bereits Abend ist es und die Luft von einer kleinen Brise des Windes durch wirbelt. Nicht kühl. In seinen Gedanken das Bild des Mädels, das ihm in die Arme fiel. Er weicht vom Weg ab. Eine leere Bierdose kickt er mürrisch mit einem wuchtigen Fußstoß ins Gebüsch. Ein paar Vögel zwitschern noch. Dörre Blätter bedecken den Boden unter einem Baumstamm.

Reste des letzten Jahres hier verblieben. Unverändert alles das, was schon Jahre hinter sich hatten. Immer wieder kehrt er hierher. Auf der Suche nach seiner Identität. Unter seinen Schuhen die dürren Äste der Bäume, und beim Weitergehen auf dem feuchten Moos die Schritte als Abdruck hinterlassen. Im Schatten der untergehenden Nachmittagssonne. Hier, um in Ruhe und besonnen, Gedanken mit seinem Gewissen auszutauschen.
Dysthymie, ist es nicht. Eher nur Missmut. Auch nicht das Gefühl der Apathie und Isolation, sein Gewissen ist es, dass in der ihm umgebenden Welt Gedanken, mit seiner Seele nicht vereinbaren kann. Aus dem Verstand heraus stets Begriffe, Gesehenes nicht verknüpft. In sich zurückgezogen bleiben im Gewissen.
Schon mächtig der Einfluss auf ihn, da er sich nicht artikuliert darstellen kann. Nach seiner Ansicht ist die Welt von der Wahnvorstellung verfolgt, was heute richtig und wichtig ist, wird morgen schon wieder verdammt. Stets hin und her gewürfelt, bis ei-

ner wieder eine andere Meinung hat.
„Nein und nein, das ist nicht mein Ding."
In Gedanken vertieft geht er weiter
Und doch am Puls der Zeit ist auch er.
Gibt sich unausweichlich den Lebensbedingen hin, dem Geschehen, das ihn umgibt.
Schon ewig lange her, war es, dass er auch freiwillig in eine Klinik aufgenommen wurde. Er wurde schnell wieder entlassen. Mit dem Hinweis, sich offener darzustellen und seine ihm eigen seiende Sprache anzuwenden. Ob er wolle oder nicht! Krankheitsbedingt war es auf jeden Fall nicht. Von Ärzten bescheinigt.
Und doch blieb er in sich verkapselt, zurückgezogen wolle er leben.
„In meinem Alter, oje, was soll da noch, mich überraschen? Knapp über die 70 bin ich nun. Meine holde Gemahlin, ein wenig jünger."
Ein morscher Baumstumpf verleitet ihn dazu, sich auszuruhen. Nicht weit ist er gelaufen, leicht gegangen und kurz die Schritte gesetzt.

„Setz dich.“ Dem Verstand ausgeliefert folgt er dieser Stimme, eigentlich wie seine sich artikuliert.
„Bleib im Schatten,- Atme tief durch,“ die Seele im Gefühl und geistigen Vorsprung.
Mit dem Daumen und Zeigefinger der rechten Hand fährt er über sein Nasenbein hin zum Mund. Betrachtet die Natur um sich herum. Dabei versucht er, eine Version aus früheren Jahren aus seinen Gedanken hervorzukramen.
Seine Seele ist es, über die er in der Identität des Wesens eines Menschen nachdenkt. Dieses weibliche Menschlein von dem Unfall, erinnert ihn an junge Jahre, die Knospen einer, seiner ersten Liebe. Seelenverwandt geblieben. Im Gewissen gespeichert, unvergessen. Der Verstand hat beide getrennt. Nie hätten sie es überhaupt gedacht, sich zu trennen. Im Meer des Wollens eilte sie in die Welt hinaus.
Im Klischee von eigenen Familienbanden entfaltete sich für ihn eine Wucht des Nichtverstehens. Mit dem Zeigefinger auf den Lippen ging sie.

„Ich habe nicht aufgehört und schaue noch heute ihr nach, wie sie die Straße entlangging, ohne sich umzudrehen. War es ihr Schmerz oder Verachtung, dass sie nicht bewundert wurde, ihrem Wunsch angepasst?“ Sie sagte: ‚Junge, bist noch ‚grün‘ hinter den Ohren!“ Diese Redensart blieb in ihm haften. Aber er hat nie aufgehört, in Gedanken zu ihr hin, das Licht der Erinnerung auszuknipsen. Wäre sie nur nicht so weit weg!

Es war bereits dunkel und er stand auf, schaute auf die Uhr an seinem Handgelenk. Zurück in dem Moment,aus seinen Gedanken zum Verstand, auf einer Zeitenwende aufgesessen.

Der Auslöser in ihm war die Ursache für das Heute. Als sturer Bock keineswegs, er kommt mit den Symptomen zurecht, doch von seinen Mitmenschen oft als kompromisslos hingestellt. Immerhin heiratete er seine Olga. Von ihr als Sprachrohr, Antons „Maulfaulheit“ in Worte weiterreicht, alle seine Gedanken aus seinem Verstand, Seelen bewandert,auch sie ihn verstand. Sprechen, das tat sie nach außen hin für ihn. Damit hat sie sich abgefunden, mit diesem Sonderling, das Leben geteilt. Aber oft sitzen und warten. Und dann platzt aus dem Moment der Stille ein Ballon. Die Luft entweicht. Zischend vielleicht, doch auch mit einem Knall. Es sind nicht die großen Dinge, die das verursachen, ein kleiner Bonbon, der ausgewickelt wird, kann ein saurer Drops sein, wenn er sich selbst artikuliert.

Sich aneinander gewöhnt hatten sie, da lagen Jahrzehnte zurück. Wie sie sich erinnert, war er früher ein spritziger und scharmanter Mann. Hier, wo sie leben, bekannten sich die Eltern seinerseits und ihrerseits. Es war noch die Zeit der Petticoats.

Damals davor, was hinter Anton lag.Bevor sie sich fanden.

Nicht wie heute - eben anders war damals. Ein bauschig-weiter Unterrock, aus versteiften Perlon- und Nylon-Stoffen. Mit rüschen- und spitzen verzierten Stufen. In den 1950er Jahren. Als er sie kennenlernt, verlor sich diese Marotte. Vieles noch für die Eltern aufzuarbeiten, vom Verzicht zum beginnenden Wohlstand hinein. Von dem kann man es sich heute nicht mehr vorstellen. Väter, die am Krieg teilgenommen hatten, starben früh. Ging man über den Friedhof, waren es die Jahrgänge, nicht mal 60 Jahre alte geworden. Anton, sein Vater, dabei. 19-jährig, ab da auf sich gestellt. Er ließ es zu, hin und her geschubst zu werden, von den ihm umgebenen Menschen. Von seiner Mutter wenig unterstützt. Im Kampf nach außen, stets unterlegen. Er hätte sich wehren können, verbal darin ungeübt, doch von der körperlichen Statur schlank wie ein „Schlangenmensch“. So auch genannt in seinem Freundeskreis. Vom Scheitel bis zur Sohle stets akkurat. Die Kleidung und Pflege seiner Fingernägel. Spärlich umgab der Bartwuchs einen schmaleren Mund. Schon schüttelt der Haarwuchs auf dem Kopf. Von dem alles bis ins Heute verblieb, aber eben älter geworden. Mit Erfahrungen im Auf und Ab. Vieles blieb in seinem Ver-

stand unverständlich, Gedanken voller Gewissen treiben seine Seele um. Was ihm allzu oft in ein Delirium stürzt. Still und in kargen Gesprächen macht er den Eindruck apathischem Desinteresse.
„Nun ist es so", denkt sie wieder und unterdrückt all das, was ihnen hätte sein können. Doch sie ist zufrieden. Ein Bild, das sich von ihr zu machen, ist das einer fürsorglichen Ehefrau. Ein wenig kleiner in der Statur zu ihm. Langes blondes Haar vom Schopf herunter. Keineswegs gefärbt. Natur belassen. Zwei hellblaue Augen, die aus dem pausbäckigen Gesicht stets freundlich leuchten. Grübchen an den Mundwinkeln, die stark beim Lachen hervortreten.
„Eine Superfrau keineswegs, sei sie", von ihr betont. In einer Gewichtsklasse zu Anton, beide entsprechend ihrem Alter eben, wie man sagt, doch noch grenzwertig.
Beide jedoch in Angst zu scheitern in eigenen Unzulänglichkeiten.
Aber jetzt besann er sich zurück. Der Unfall vor dem Haus, getrieben von seinen

Erinnerungen, die Gedanken ins Gewissen getrieben.
Nachforschen! Getrieben. Wer ist sie?
Sein Weg führt ihn direkt ins Krankenhaus, und erkundigt sich, wie es der jungen Frau des Unfalls noch ergangen ist. Nachdem er weder den Namen sagen konnte, noch sich ausweisen, dafür berechtigt zu sein, erhielt er keine Auskunft.
Da stand er nun. Voller Gedanken und im Gewissen für sich, zu verstehen. Wie angegossen, sprachlich abgewiesen im Flur des Krankenhauses. Dem eines begossenen Pudels, der abgeblitzt. Eine unwahrscheinliche Zuneigung hat ihn hier hergetragen. In einem Aufmerksamkeitsdefizit wohl sicherlich nicht. Neugierde vielleicht? Was auch.
„Einen Kaffee!" Und Anton geht zum Automaten. Genüsslich zieht er ihn in sich hinein. Schaut links und rechts, dreht sich wie eine Pirouette. Beseelt vom Koffein, fasst er neuen Mut.
„Er muss sie finden." Das Gefühl, schon einer Droge gleich, wirkt in ihm. Zunächst

kann er dem nichts hinzufügen. Enttäuscht auf jeden Fall. Er geht betroffen weg. Ihm klar, dass er eine Besonderheit mit sich herumträgt: auf der Suche ähnlich eines Verlustes.

„Hatte sie in ihm dieses Verhalten ausgelöst." In seiner Betroffenheit vor sich hin laut nuschelnd.

In Folge frei, versucht er, seine Gedanken zu ordnen. Konfliktfrei mit sich, mal wieder nicht.

Er möchte sich selbst sein, ohne Grübeln. Seine Schuld sei es doch nicht gewesen, dieser Unfall und was danach geschah in ihrem Haus.

„Absurd", würde seine Gemahlin sagen. „Überhaupt darüber nachzudenken.

Lass es auf sich beruhen."

Er wolle sich selbst verstehen. Wenn es auch ist, wie eine Schlange, die sich durchs Gestrüpp windet.

Zur Polizei gehen, den Streifenkommissar befragen, wäre möglich. Doch er müsste den Grund seiner Frage benennen. Einfach so, bekäme er keine Antwort. Auch dem vom Roten Kreuz? Sicher klären! Ein Interesse auch hier müsste er erklären. Vom Verstand gelenkt, empfiehlt er sich. Gedankenverloren wolle er es nicht vergessen. Getappt in seine Vergangenheit. Er im Rentenalter, auf der Nase die rahmenlose Brille, kneift er die Augen zusammen. Schütteres Haar, das einem Wirbel des Windes kaum was anhaben kann. Sich selbst fragend, ob er sich noch selbst trauen kann. Am Rathaus vorbei. In seinem Alter fällt er auf, in dem blau karierten Hemd und der Khakihose. Von den Menschen angestarrt und befangen. In einem solchen Moment, denen gegenüber ausgegrenzt. Kein ihm bekanntes Gesicht, wie er sich auch umschaut.

„Das ist also die heimliche Urkraft, in denen, wie und wo er hinschaut, wuselten sie von Vorschriften, Verordnungen und Entscheidungen getragen, Tätigkeiten nachgehen und suchen den Tag, einen Sinn zu geben. Oder im Business funktionieren. Dem Zauber erliegt er immer wieder. Es ist doch ein Spiel zwischen Jäger

und Jagen, mit der Zeit, in der Geschäftsgebaren rekrutiert wird, Geld ins System auszugeben. In Kauflaune versetzt. In seiner Identität betrachtete er sich nicht dazugehörig.
„Raus bist du." Ob du dazugehörst oder auch nicht, ist auch oft einer Willkür unterworfen. Laut hat er es beim Weitergehen gesagt. Man schaut sich um, blieb stehen im Blick auf ihn.
„Was ist denn das für einer?", liest man aus ihren Gesichtern. Der einen oder andere schüttelt den Kopf. Ein kurzer Moment, oberflächlich wahrgenommen.
„Es ist doch mir egal, wie ich wahrgenommen werde. Ich mache mir meine Skizzen. Gespielt jede Melodie für mich ohne Schauplatz und Kostümwechsel."
Menschen grenzen einander ab. Wir wollen unsere Ruhe, so mancher denkt. Ein wenig neben der Spur der da, wohl in sich verbrieft mit einem Selbstverschluss.
Anton demnach sieht sich hinter dem Fenster zur Wirklichkeit und empfindet mehr als die da draußen, die gedankenlos

nach seiner Ansicht sind. Was wir sehen, ist nur ein kurzer Moment. Oberflächlich. Ohne dass Mehr danach letztlich bleibt. Von fern vernimmt er den Glockenschlag der Turmuhr. Siebenmal die Schläge.
Dieser kleinen schmalen Straße entlang noch bis zum Ende, dort, wo zwei Kastanienbäume hochgewachsen stehen. Darunter eine Bank. Ein Stück davor, ihr Zuhause. Er wird schon erwartet.
Der Tisch ist gedeckt. Sie fragt nach seinem Spaziergang und er erzählt von seinen Eindrücken aus der Stadt.
Und seinen Gedanken, die ihm im Gewissen umtreiben, er sich erwehrt, um nicht von denen gefangen zu werden. Abstand wolle er finden. Endlich frei jeden Tag genießen.
Das erste Mal, dass er sich offen gibt. Ihr gegenüber.
„Mein Platz ist hier. Warum mache ich mir ständig Sorgen?“
Im Widerhall seine Stimme.
„Es ist viel Mist, Dreck, der uns umschwebt. Schau auf die Politik. Und die

Menschen in ihrem Verhalten, angepasst dem Trend, ganz im Konsum vertieft."
Nicht auf sich sitzen lassen will er es, zu dem ihm dahin gesagtem.
„Parkinson habe ich bislang nicht, wenn auch ich manchmal das Zittern bekomme, wenn meine Nervenboten sich im Wege stehen. Erinnerungen im Gedächtnis scheinen mit Verstand gerüttelt zu sein. Von der Seele aus versucht er, das Tägliche einzuschränken."
Dann die Stimme seiner Gemahlin. „Tüftle nicht so viel. Also mein Lieber, wie soll das geschehen, da habe ich bei dir Bedenken, wieder abzudriften in eine superlativische Gewissenswelt."
„Aus Begleiterscheinungen heraus, weißt du, wie dieser Unfall vor unserer Haustür vorkam. Trotz allem war es möglich, dass zwei Autos ineinander krachen konnten - frontal auch noch. Für mich substantiviert nachzudenken."
Sie überlegt, denn da hat er schon recht. Eng die Straße, mehr einem breiten asphaltierten Feldweg ähnlich. Zwei Autos

hätten aneinander vorbeikommen können. Untersuchungen ergaben aber, dass eine gewisse Signalstörung, sich nicht mehr selbst steuern zu können, bei einem der Beteiligten auf jeden Fall vorlag. Von keinem der Angehörten dieser Darlegung zugestimmt. Klar, zur Schuldfrage keine Stim me geben!.

„Aber weißt du, dass freitags Menschen stets ein größeres Risiko eingehen, freier leben möchten. War es ein Freitag?"

„Oh ja, mein Lieber."

„Man geht größere Risiken ein."

„Ein Glück, dass beide nur leicht verletzt wurden, es hätte bös ausgehen können. Von einem körperlichen Schaden sicherlich ausgehend."

„Sich einen Schaden zufügen wollen?"

„Ein Unbehagen wird bleiben. Ich meine", und er steht auf.

„Reicht es, dass ein physisch erkrankter Mensch einem ihm gegenüber in zwischenmenschlicher Beziehung Gefühle zeigt, in der Art und Weise Verletzungen zufügt?"

Sie sieht es dagegen mehr als eine rhetorische Frage. Er im Sinne der Unmöglichkeit aus den Anforderungen in unserer Zeit.
„Fit sein, schön und erfolgreich. Aber dieser Zeit sind wir bereits entwachsen. Für seelische und praktische Belange im Verstand zu dem Heute."
„In Dankbarkeit im Sinn für das Gute betrachtet", erwidert sie.
Sie wolle noch ein wenig in die Flimmerkiste schauen, erläutert erwähnt. Sein Weg geht zur Haustür und ruft ihr zu: „Ein bis bald".
Zur Bank am Ende der Straße, dort hin geht er, weil es die Witterung noch bis in die Nacht zulässt. Allein zu sein, mit sich, hier in seinen Gedanken.
Im Bewusstsein sind Handlungen von früher, vom Gewissen geplagt, glattzustreichen. Der Verstand von damals zu heute im Zeitraffer immer und immer wieder vor seinen Augen.
Handlungsweisen für sich auf einem Schachbrett hin und her geschoben, rich-

tig überlegt und entschieden, infrage gestellt. War es richtig? Schlicht die Fantasie, seine, ließ ihn stolpern, so hatte er verzichtet. Oder war es ein Muss im Unverständnis, in das beide damals geraten waren? Stille um ihn herum. Nicht mal ein Vogel zwitschert. Wolkenloser Himmel. Kein Windhauch zerrte an den Zweigen der Bäume und Büsche. Um ihn herum, als sei die Welt vom Tagestrubel endlich zur Ruhe gekommen.
Von sich geleitet er. Wieder mal im Rückblick auf das vergangene Erlebte, in seinem Gewissen pocht das, das seine Seele umtriebt. Und wenn auch viele Jahre dazwischenliegen, fuhr sein Verstand Karussell mit ihm. Immer wieder stieg er darauf ein. Eine Berg- und Talfahrt im Kreis herum selbst erzwungen.
Erlebnisse, die in seinen Gedanken gespeichert sind. All das, sich noch heute vom Alltag unterscheidet. Eher traumatisiert im Gedächtnis eingebrannt. Aus einem Abenteuer war es, gewesen.
Eine Erlebniswelt von früher, damals, die

ihn nicht losließ. In seinem individuellen Leben, gewesen - vergangen, zurückließ in Gefühlen voller Hilflosigkeit immer wieder auftauchten, dauerhaft wachgerüttelt, nichts davon zu vergessen.

Sie und er, gesehen und erkannt, eintauchten in einer Liebe. Noch nicht mal 20 waren beide. Doch, mit Vorstellungen eines gemeinsamen Lebens. Turteltauben sie, entdeckten sich im Dasein. Keine Stunde, gar Sekunde wollten sie allein sein, ohne den Partner an der Seite nicht vorstellbar mehr. Unzertrennlich wie Geschwister, entdeckten sie ihre Jugend und ihre erste Liebe. Sich selbst in ihren Gewohnheiten. Lange Spaziergänge, an denen sie mehr sahen, als wohl jeder noch nie wahrgenommen hatte, außerhalb des Städtchens. Von einem zarten Umschlungen.Täglich trafen sie sich und bis in die Nächte hinein blieben sie beisammen. Von der Wirklichkeit entfernt. Verliebt, sich 24 Stunden an den Händen gehalten. In Wünsche getaucht. Daraus wurde Leidenschaft, in der er sich ihr hingeben wolle. In eine Sackgasse hinein sah er sich. Sein schnell schlagendes Herz, fürchtete er mitunter, würde zerspringen. Jede Berührung in seinem Körper, umgesetzt in Leidenschaft, fordert nach mehr, fast bis zum Herzstillstand. Übergossen vom Schweiß der Nacht traumatisiert. Von Panik getrieben, voller Eifersucht sich einbildete, seine Liebe sei ihr nichts wert. Er griff nach ihrer Hand. Anders war es geworden. Ließ nicht los, umklammerte diese. Kein Druck von ihr. Nichts mehr. Sie zog ihre Hand zurück. Schweigend gingen sie nebeneinander.

Eine Gewitterfront türmte sich auf, und die Sonnenstrahlen waren durch dunkle Wolken versteckt. Die noch vor ein paar Tagen ausgebreitete Sonnenglut ließ jede Bewegung schweißgebadet zurück.

Er fürchtete, sein schnell schlagendes Herz, könnte auseinanderbrechen. Sein Körper, vom ausgeschütteten Adrenalin in einer Panik versetzt, etwas zu tun. In einem rasenden Lauf? Könnte der gepeitschte Körperhaushalt ihn überhaupt wieder im Takt bringen? Seine Leidenschaft, wie die aufwallenden Wolken am Himmel kurz vor einem Unwetter.

Sie hatte sich herumgeworfen und fragte, warum er so dumm da stehe. Seine Antwort war eine Lüge: „Er müsse nachdenken."

Furcht packte ihn, diese Frau zu verlieren.

Sie setzten sich auf die Parkbank. Der Regen blieb aus.

Beim Hinsetzen rutschte ihr Rock hoch. Die Oberschenkel entblößten sich. Eine Freizügigkeit, deren er sich bewusst ist. Ihr dagegen nur sich Luft zu machen bei dem schwülen Wetter. Aus Ungewissheit sich freizügig zeigte. Beide allein.

Er griff ihr unter ihre Kopfhaare, von hinten nach vorn streichend. Sie verbot sich das. Furcht packte ihn und wartete, auf ein Wort, das ihm auch noch das verbot.

Es ist doch nur Spaß, von ihm, doch sie dachte sicherlich anders. Warum auch nur?

„Überkommt dich das dringende Verlangen."

Was sollte er darauf antworten?
Ein Tag vorher legte sie sich bei ihm aufs Sofa und er tat angezogen auch das Gleiche. Schon mal in einer Freizügigkeit nebeneinander. Doch mehr nicht.
Sein Verstand gebar, lass es, warte ab. Wenn es Liebe ist, finden wir auch so zueinander: Lust, mit Leidenschaft. Damit beruhigte er sich. Trotz allem empfand er die Situation in der jetzigen Lage nicht unangenehm.
Doch von seinem Gewissen drangsaliert, doch nicht mit Gewalt seinen Drang zu ergießen. Sein Verstand widerstrebend und langsam, verebbte und weit entfernt dem Willen, zum Wohlbehagen, daraus noch eine Gemeinsamkeit zu fühlen.
Herausfordernd und mit Widerstreben für den nächsten Tag, hatten sie sich verabschiedet. Anders als sonst. Als sei jeder dem anderen lästig.
Ein Küsschen, oberflächlich, gab es noch. Wie auch der Gesinnungswandel, der für ihn nicht erklärbar.
Bewusst nachhaltig trotzdem blieb in ihm -

ein „ zähe Masse“, dem Verstand fern, die immer und wieder geknetet wird von ihm. Entsprungen einem menschlichen Bedürfnis nach Zuneigung und Liebe.
Die Abende auf einmal länger, sich selbst ausgeliefert: Mach, was du willst. An den Wochenenden traf man sich trotzdem immer noch. Ging ins Kino oder ins Café, sprach nur noch über belanglose Dinge, entgegen einst vorher den Gesprächen über eine gemeinsame Zukunft, die im Anlauf versiegten. Wobei er immer noch überzeugt war, von ihrer Seite aus, doch noch ein leichtes Flackern zu spüren.
Versteckt in sich? Er nahm es hin, es genügte ihm. Entschuldigt selbst, dass eine Liebe auch ohne Sex sein könnte. Aber überzeugt in Fragezeichen gesetzt. Er wolle zurückgewinnen, was noch sein könnte.
Mit einer Reiseschreibmaschine tippte er sein Empfinden nieder. Blatt für Blatt, jeden Abend im Bett sitzend. Eine Erzählung, die ihm ähnelte. Mit seinen Gedanken, sein Gewissen, in der umgebenden

Welt richtig und stimmig, mit Verstand ein Urteil für sich zu finden. Gefühlsregungen aus der Seele sich zu nehmen.
Er schrieb sich alles von der Seele. Mit Bildern gezeichnet dazu, die abstrakt Bauklötzchen gleich. Geometrisch sortiert nach Eigenschaften und Beziehung zwischen den einzelnen Körpern dargestellt. Repräsentativ, vom Gefühl und Verlangen aufeinander.
Im DIN A5 geschnitten. An die hundert Seiten kamen zusammen. Es war dann doch schon ein Erinnerungsbuch.
Der gemeinsame Urlaub, der ihnen aus tageweisem Zusammensein, unterschiedliche Interessen zeigte.
Tolerant zu sein? Fraglich geworden. Ein gemeinsames Zimmer blieb ihnen verpönt. Man bedenke, heute bist'e mit 18 schon volljährig, damals galt noch die Grenze 21. Wer wollte sich schon der Kuppelei schuldig machen?
Und verlobt sein, half dabei auch nicht, über die Hürde zu kommen.
Und doch hatten sie es mal geschafft.

Von der Vermieterin der Pension bemerkt, dass die Zweisamkeit störte. Trauer sank in seine Glieder. Er hielt ihre Hand und blieb wie aufgebahrt liegen. Seine Nervenbahnen kräuselten sich zu den Lenden hoch.

Und da stand sie schon im Zimmer, die Wirtin. Ohne Worte zu verlieren, ging sie wieder hinaus und ließ die Tür offen. War sie so ferngeblieben aus ihrer Jugendzeit? In ihrer Seele Momente der Erinnerungen nicht mehr festgehalten?

Zum Seefest blieben sie noch. Der darauffolgende Tag zum Wandern und im See baden. Das Wochenende mit einem großen Lichtermeer und Freudenfeuer. Sie hatten sich mit einem Geschwisterpaar befreundet. In dieser Gemeinschaft erblühte der Urlaub auf. Nicht für ihn. Mit Eifersucht, als habe er einen dunklen Mantel um sich gehüllt, ab da. Von seinen Nervenbahnen gerüttelt und geschüttelt, hätte ein Wachhund nicht besser seine Pflicht getan. Warum eigentlich? Ihr gegenüber habe er jedoch keine Aufpasser-

Funktion. Und warum solle er auch eifersüchtig sein? Auf dieses Zwillingspaar - Bruder und Schwester.
Unbeachtet kam er sich vor. Aber wie sollte er das abändern?
Wieder blieb von seinen Träumen und Wünschen wenigstens ein klein wenig Hoffnung, für die Zeit nach dem Urlaub. Doch in dem Moment ist ein Neutron, abwertend für ihn. Vom Verstand her traf keine Entscheidung zu.
Aber doch kein schlechtes Gewissen hämmert in seinem Kopf. Er war nicht wütend, verärgert eben.
Sich darzustellen, dazu waren seine Grenzen ausgereizt. Er werde sich nicht entschuldigen. Wofür dem auch. Im Tonfall blieb Freundlichkeit. Auch dann noch, dass aus den beiden erkennbar wurde, dass sie sich schon mal kennengelernt hatten, bei einem Ausflug mit ihrer Freundin.
Sich zu stabilisieren, wurde immer schlimmer für ihn. Im Gedächtnis haftend. Mühsam jedes Nachdenken, unerklärbar.

Doch heute zurückgedacht, vergebliches Bemühen ohne Wirklichkeit. Niedergeschlagen - Strapazen sich auferlegt,
„Alles hatte ich getan und wollte nur eine Bedingung erfüllt sehen: Zuneigung und Liebe. Das andere, wie auch genannt, hatte ich für mich abgehakt. In frivoler Einsamkeit hatte man mich zurückgelassen. Frech und schamlos, mich hintergangen."
Die Luft wurde ihm knapp. Und hustet zwischendurch.
„Nur noch weniges blieb, nicht einmal ein Bild schwarz - weiß auf Papier."
Von da an war für ihn der Krug zerbrochen. Geschenke wurden zurückgereicht. Und letztlich verschwand sie ganz aus seinem Blickfeld. Weit fort, wo sie ihr sich vorgestelltes Glück finden wolle.
„Für mich ist es aber immer noch die Sehnsucht, ihr in die Augen zu schauen, in den Arm zu nehmen. Man kann über mich lachen, dazu hätte ich Mut. Ich werde mich nicht entschuldigen."
Über ihn senkte sich die Nacht, eine schwache feuchte Luft verwandelte die

Wiesen und den Wald in eine Nebellandschaft.
Er steht auf und geht durch die feuchte Wand nach Hause.
Seine Frau empfängt ihn wie sonst nach diesem Spaziergang:
„Egal, ich werde dich immer lieb haben!“
Damit kommt in ihm Stolz auf, sich abzufinden mit dem, was einst war und sich aus den Gedanken befreien, seinem Gewissen und will mit seinem Verstand in der Seele endlich Ruhe geben.
Zurückkehren nicht mehr an diese Bank, die ihn in einer Begegnung zurückwarf in die Vergangenheit.
Doch und wieder: ein Abend, sein Weg zur Bank am Wegesrand. Belegt, auf der ein Mädel saß. Er sah sich um, allein sie. Blauer Himmel, die Sonne noch nicht untergegangen. Er blieb stehen, sah sie an und glaubte es kaum, ein Ebenbild seiner früheren Liebschaft, unverkennbar. Ein Fata Morgana hätte nicht ähnlicher sein können. Sein stierender Blick erregte Ärger. Und doch sprach er sie an. Sie wäre

19 und mache gerade ihr Abi. Hier wolle sie sich ausruhen vom stressigen Tag, mit all den Prüfungen.
Er entschuldigt sich und geht weiter des Wegs. Wieder von seinem Gewissen gerüttelt, in Gedanken versunken. Danach hat er sie niemals mehr gesehen.
Der Vernunft wegen und vom Verstand gelöscht, alle Erinnerungen letztendlich ihn ihm erloschen ab da zu sein schienen.
Im Spiel der Liebe am Ende, emotional erkannt, diese Spiel hat keinen Charakter mehr für ihn. Sehnsucht zurückgehalten, und in kleinen Schritten geordnet will er zu sich finden. Sich selbst bewahren, in der Vielfalt der ihm umgebenden Welt.

Im Spiel ... dieser Erzählung

der Gedanken,
das *Wesentliche*, in der Vielfalt
der Erscheinungen.

des Gewissen,
im menschlichen Bewusstsein,
richtig oder stimmig .

mit Verstand,
in Urteile gebunden.

die Seele,
gesteuerte Gefühlsregungen
und geistige Vorgänge.

Verlag: BoD · Books on Demand GmbH,
Überseering 33, 22297 Hamburg,
bod@bod.de
Druck: Libri Plureos GmbH,
Friedensallee 273, 22763 Hamburg
ISBN: 978-3-8192-9762-5